Fakhar Shahzad

Práticas de gestão de risco seguidas pela banca islâmica

Fakhar Shahzad

Práticas de gestão de risco seguidas pela banca islâmica

ScienciaScripts

Imprint

Cover image: www.ingimage.com

This book is a translation from the original published under ISBN 978-620-2-31228-8.

Publisher:
Sciencia Scripts
is a trademark of
Dodo Books Indian Ocean Ltd. and OmniScriptum S.R.L publishing group

120 High Road, East Finchley, London, N2 9ED, United Kingdom
Str. Armeneasca 28/1, office 1, Chisinau MD-2012, Republic of Moldova, Europe
Printed at: see last page
ISBN: 978-620-7-93754-7

DEDICAÇÃO

Dedico todos os meus esforços a Alá Todo-Poderoso

.

O Santo Profeta (que a paz esteja com ele),

a causa da criação do universo

Aos meus pais,

O símbolo do amor e da bondade

Aos meus professores,

A luz do conhecimento na escuridão da ignorância

E

Aos meus amigos,

pilares de confiança e apoio,

e

Aos meus familiares,

Os motivadores e encorajadores

RECONHECIMENTO

Estou grato a Deus Todo-Poderoso, o Senhor do Universo e a Fonte da Sabedoria, cuja orientação me permitiu concluir esta investigação. Todo o respeito pelo Seu Santo Profeta HAZRAT MOHAMMAD (que a paz esteja com ele), que trouxe a luz do conhecimento quando a humanidade vagueava no deserto da ignorância.

Gostaria de expressar os meus sinceros agradecimentos e apreço ao ***Dr. Omar Masood por*** *me ter proporcionado a orientação e as oportunidades para realizar este estudo exaustivo.*

Estou muito grata aos meus sempre amados pais, cujas orações, paciência, apoio e compreensão me permitiram chegar a esta fase. Sinto um enorme orgulho e alegria na realização deste trabalho. Presumo que, com algumas excepções, o meu cuidador terá sido bem sucedido.

FAKHAR SHAHZAD

Práticas de gestão do risco no sector bancário islâmico

Resumo:

Objetivo - *O principal motivo para a realização deste estudo é avaliar em que medida os bancos islâmicos no Paquistão adoptam práticas de gestão do risco e quais são os principais riscos enfrentados pelo sector bancário islâmico no Paquistão.*

Conceção/metodologia - *Trata-se de um estudo baseado num inquérito. Para o efeito, são recolhidos dados primários e secundários. Os dados secundários foram recolhidos da literatura anterior e, para os dados primários, foi desenvolvido um questionário estruturado que abrange os vários aspectos da gestão do risco: compreensão da gestão do risco, identificação do risco, avaliação e análise do risco, monitorização do risco e análise do risco de crédito em relação às práticas de gestão do risco. Foi utilizada uma técnica de amostragem selectiva para recolher dados junto dos trabalhadores dos bancos islâmicos. O número total de inquiridos é N=104 e são utilizadas estatísticas descritivas, correlação pessoal e modelos de regressão múltipla para determinar a relação entre as variáveis. O teste de Durbin-Watson é também aplicado para testar o problema da co-linearidade múltipla entre as variáveis explicativas.*

Conclusões - *O estudo concluiu que os bancos islâmicos no Paquistão adoptam práticas de gestão do risco. Todas as variáveis observadas têm uma influência significativa nas práticas de gestão do risco. A monitorização do risco (RM) e a análise do risco de crédito (CRA) são as variáveis mais influentes nas práticas de gestão do risco no Paquistão e devem ser objeto de atenção.*

Originalidade/valor - *Este estudo examina as práticas de gestão do risco do sector bancário islâmico no Paquistão. Os resultados deste estudo podem fornecer informações valiosas aos bancos islâmicos para aperfeiçoar as práticas de gestão do risco e lidar melhor com os riscos potenciais. As conclusões são igualmente úteis para as pessoas interessadas no sistema bancário islâmico.*

Palavras-chave - *gestão do risco, banca islâmica, práticas de gestão do risco*

Capítulo 1 Introdução

O capítulo inclui:

Declaração TrobCem
Questões de investigação
Objectivos do estudo
A importância do estudo
Estrutura do estudo

O sistema bancário no Paquistão foi introduzido durante o domínio britânico no subcontinente indiano. Após a independência em 1947, o Paquistão tornou-se um país emergente no mundo e o âmbito da atividade bancária no Paquistão tem vindo a expandir-se continuamente. Vários bancos estrangeiros chegaram e iniciaram as suas actividades no Paquistão. Atualmente, o Paquistão é considerado um país com um mercado bancário forte, equipado com a tecnologia mais recente e o sistema bancário mais moderno do mundo. No Paquistão, a banca islâmica surgiu em 1980 com o objetivo de transformar a economia e o sector financeiro do país com base nos princípios islâmicos (Khan & Bhatti, 2008). A estrutura de gestão financeira baseada na fé é a componente fundamental para a existência da banca islâmica e *a Shariah* fornece os princípios para a realização das actividades. A banca islâmica promove o mecanismo de partilha de lucros e perdas em vez de um sistema baseado em juros (Salleh e Hassan, 2004).

De acordo com Al-Jarhi & Iqbal (2001), as organizações bancárias islâmicas efectuam todas as transacções bancárias relevantes, bem como empréstimos e financiamentos sem juros. A banca e as finanças islâmicas constituem uma parte emergente e em crescimento do sector financeiro. Desde a sua criação há três décadas, o número de instituições financeiras islâmicas em todo o mundo aumentou de uma em 1975 para mais de 300 em mais de 75 países atualmente. Os activos estimados ascendem a mais de 250 mil milhões de dólares e prevê-se que aumentem 15% ao ano (Bellalah & Masood, 2010). O conceito de banca islâmica surgiu no final dos anos 40 e, algumas décadas mais tarde, atingiu o auge da representação flexível e foi rapidamente aceite pelos países do Médio Oriente (Bellalah & Masood, 2010). Devido à maior satisfação do cliente e à melhoria da qualidade dos serviços, a banca islâmica é mais conveniente e atractiva do que a banca convencional (Ahmad, et al., 2010).

A banca islâmica abrange essencialmente três partes do mundo, nomeadamente o Sul da Ásia, o Sudeste Asiático e o Médio Oriente. Os muçulmanos estão fortemente representados no Médio Oriente, que é considerado o país de origem da banca islâmica. No Médio Oriente, os bancos islâmicos gozam de um apoio influente por parte de indivíduos ricos, de instituições estatais e do governo. No Médio Oriente, existe um grande número de autoridades reguladoras e outras organizações comerciais que apoiam o sector bancário islâmico. De acordo com Kamil (2007), o Sul da Ásia, o Sudeste Asiático e o Médio Oriente são os centros mais promissores da banca islâmica.

Tudo o que possa constituir um obstáculo à obtenção de determinados resultados é designado por risco. Este risco é causado por alguns factores internos ou externos e a sua divulgação pode tornar a situação mais perigosa. O risco pode também ser definido como o impacto desfavorável sobre a rendibilidade das diferentes bases de incerteza. A gestão do risco é um mecanismo através do qual as instituições financeiras gerem todas as actividades que afectam o seu perfil de risco. A gestão do risco não consiste em reduzir o risco, mas visa, na realidade, aumentar o prémio de risco e garantir que a organização não tem de assumir riscos que podem ser transformados em lucros optimistas. A expansão do ambiente empresarial, a incerteza, a globalização das transacções financeiras e o aparecimento de novos produtos financeiros aumentaram a intensidade da concorrência entre instituições. Isto resulta na necessidade de uma gestão de riscos estruturada e eficaz nas instituições financeiras (Al-Tamimi, 2002).

O sector bancário, especialmente no Paquistão, está geralmente associado a grandes riscos devido ao ambiente incerto e à grande importância do tema. A gestão de riscos é tão importante para as organizações como para outras funções de gestão, como o marketing, os recursos humanos ou as finanças. Olhando para o desenvolvimento económico do país a um nível funcional, a gestão do risco está presente em todo o mundo para atingir os objectivos económicos globais do país. De acordo com o Banco Estatal do Paquistão (2007), os bancos islâmicos oferecem diferentes tipos de produtos que não estão disponíveis nos bancos convencionais. Por conseguinte, os bancos islâmicos enfrentam diferentes tipos de riscos, que aumentam de dia para dia devido à volatilidade do ambiente. Consequentemente, o problema do risco ameaça a continuidade e o êxito da banca islâmica.

A gestão do risco era inicialmente um princípio de gestão da proteção. O custo desta indemnização embaraçou a gestão porque não conseguiu fazer face à vulnerabilidade dos bancos islâmicos no Paquistão. A tarefa de tomar uma decisão precisa em matéria de gestão do risco é muito importante e difícil para as organizações bancárias islâmicas no Paquistão, devido ao ambiente económico internacional e aberto. As organizações bancárias estão a enfrentar uma forte concorrência de outros bancos e instituições financeiras para conquistar a atenção dos clientes (Hull, 2002). Os mercados financeiros estão a tornar-se mais integrados e auto-suficientes, o que aumenta a rentabilidade dos efeitos de contágio precipitados e deixa pouca margem para uma avaliação rápida para além do risco imprevisto (Bellalah & Masood, 2010). Além disso, esta rápida vaga de globalização dos mercados de capitais conduz à necessidade de melhorar as técnicas de gestão do risco dos bancos, nomeadamente nos países em desenvolvimento.

O principal motivo para a introdução de práticas de gestão do risco nos bancos islâmicos é evitar ou atenuar um eventual colapso no futuro. Na realidade, a gestão do risco em si não é isenta de custos. No entanto, o preço do adiamento ou da não adoção de uma gestão de riscos adequada pode, na maioria dos casos, conduzir a vários resultados desastrosos para as instituições financeiras, como o possível colapso do sistema bancário (Meyer, 2000). É importante estudar os riscos enfrentados pelos bancos islâmicos no Paquistão porque os bancos islâmicos estão largamente associados à prestação dos melhores serviços, à semelhança dos bancos convencionais, e desempenham um papel significativo no desenvolvimento económico do Paquistão (Ahmed *e outros,* 2011). Neste contexto, a gestão do risco é um aspeto associado à compreensão do risco, à avaliação do risco, à análise e ao acompanhamento contínuo do risco e ao desenvolvimento de uma compreensão do risco de crédito na banca islâmica.

Definição do problema

Como actores conhecedores, estamos conscientes das várias formas em que um clima de risco condensa geralmente as nossas actividades de rotina; estamos conscientes dos riscos que afectam a nossa vida quotidiana e somos profissionais da gestão do risco. Desde questões de saúde até ao sucesso da bolsa, passando por problemas políticos e económicos, o sentimento de risco atual é apenas a propagação, a conjetura contrafactual, a intenção e o nervosismo (Elliott, 2002). É verdade que os bancos islâmicos trabalham com produtos diferentes dos bancos convencionais, e todos os empregados devem estar familiarizados com esses produtos e saber até que ponto são arriscados. Aqui no Paquistão, a banca islâmica enfrenta riscos diferentes todos os dias. Como é que os bancos islâmicos podem gerir estes riscos? Que medidas tomaram os bancos islâmicos no Paquistão para gerir o risco, especialmente no sul do Punjab (Multan, Bahawalpur, Bahawalnagar, Vehari, etc.), que tem recebido menos atenção dos investigadores no passado?

Questões de investigação

O objetivo do presente estudo é investigar em que medida o sector bancário islâmico no Paquistão adopta práticas de gestão do risco para lidar com diferentes categorias de riscos. Com base nos problemas de investigação acima referidos, as questões de investigação deste estudo específico são as seguintes

1. Os empregados dos bancos islâmicos no Paquistão compreendem o risco e a gestão do risco?
2. Poderá o sector bancário islâmico reconhecer e avaliar os riscos de forma competente?
3. Um banco islâmico dispõe de um mecanismo eficaz de acompanhamento e controlo dos riscos?
4. Que categoria de risco é mais tolerada pelos bancos islâmicos no Paquistão?

Objectivos do estudo

O principal objetivo do presente estudo é examinar em que medida os bancos islâmicos no Paquistão estão a praticar uma gestão de risco eficaz ao lidarem com diferentes tipos de riscos. É muito importante fazer um bom julgamento e apresentar uma proposta para o "*melhor dos dois mundos*". Os principais objectivos da realização desta investigação são os seguintes

- Compreender a gestão do risco
- Como é que os bancos islâmicos lidam com os vários riscos?
- Controlo da extensão das técnicas de gestão do risco utilizadas pelos bancos islâmicos no Paquistão.
- Identificação dos factores que afectam os bancos islâmicos na gestão do risco
- Categorização dos principais tipos de risco a que estão expostos os bancos islâmicos no Paquistão

A importância do estudo

A presente investigação é uma tentativa de identificar as técnicas de gestão do risco adoptadas pelos bancos islâmicos no Paquistão, centrando-se na zona do sul do Punjab, que tem recebido menos atenção de investigadores anteriores. Por este motivo, o investigador seleccionou esta área específica para a investigação, a fim de dar um contributo significativo para o sector bancário islâmico. Este estudo também ajuda a elaborar as práticas actuais dos bancos islâmicos. Espera-se que este estudo contribua para a literatura relacionada com a gestão do risco e as práticas bancárias islâmicas na gestão do risco. Este estudo é valioso para todos os interessados no sector bancário islâmico no Paquistão.

A estrutura do estudo

Para atingir os objectivos do estudo, a tese está estruturada de tal forma que o Capítulo 1 apresenta uma introdução pormenorizada à banca islâmica e à gestão de riscos e descreve o problema, os objectivos e a importância do estudo. O Capítulo 2 apresenta a literatura relacionada com o trabalho empírico e teórico sobre a banca islâmica e as práticas de gestão de riscos da banca islâmica em diferentes regiões do mundo. O Capítulo 3 aborda a metodologia de investigação, que inclui a estrutura do estudo, o quadro teórico, as hipóteses do estudo, as variáveis, a dimensão da amostra, o procedimento de recolha de dados e a análise dos dados. O Capítulo 4 contém a análise completa dos dados, os resultados estatísticos e a discussão das conclusões. As conclusões e recomendações finais são apresentadas no Capítulo 5 e o Capítulo 6 contém as referências. O último capítulo, o apêndice, contém o instrumento de investigação utilizado para realizar este estudo.

Capítulo 2

Revisão da literatura

O capítulo inclui:

Banco IsBamic

As convicções dos bancos islâmicos

Crescimento do sistema bancário islâmico no Paquistão

Importância do risco

Tipos de riscos

Desafios para a gestão do risco na banca isBâmica

O papel da gestão do risco na Banca IsBâmica

boseLcapitaLo'Ocond/

Banca islâmica

O sector bancário e financeiro islâmico está a crescer em todo o mundo. A sua grande popularidade deve-se à sua teoria bancária moral. A banca islâmica proíbe não só a riba, mas também a especulação e o jogo. A visão islâmica da justiça socioeconómica depende da eliminação dos juros e de outros factores injustos da vida económica (Khan & Bhatti, 2008).

"O sistema bancário islâmico lida com dinheiro e não com dinheiro".

Abdul-Gafoor (2003), Iqbal & Molyneux (2005), Obaidullah (2005) e Bellalah & Masood, (2010) fornecem uma introdução básica e completa à banca islâmica. Na prática, esta exclusão e sugestões são de natureza visível, uma vez que os seguintes produtos e serviços comerciais são apresentados por organizações bancárias islâmicas:

> ***Mudarabah:*** A condição de capital em que a parceria existe e o retorno é sob a forma de lucros, mas as perdas incorridas são toleradas pelo credor.

> ***Musharakah:*** Trata-se de parcerias de capital total em que a pessoa que investe os fundos é um empresário direto da empresa e detém uma participação total.

> ***Murabahah:*** Mecanismo utilizado para financiar bens e serviços adquiridos por alguém, ou as instituições financeiras têm o direito de adquirir bens e serviços em nome do cliente.

> ***Bai Muajjal:*** estão incluídos os pagamentos em atraso de bens e serviços adquiridos ao abrigo de Murabahah.

> ***Bai Salaam:*** Foi celebrado antecipadamente um contrato de venda de bens e serviços

> ***Istisnah***: Pagamento efectuado pela instituição financeira em nome do consumidor para cobrir operações correntes

- *Ijarah:* Financiamento da locação operacional
- *Takaful:* O conceito de seguro islâmico sob a forma de programas de assistência pessoal de apoio.
- *Quard Hassan*: Empréstimos sem juros para instituições de caridade

Num curto espaço de tempo, o desempenho dos bancos islâmicos é bastante bom. De acordo com o estudo de Iqbal (2000), o desempenho global dos bancos islâmicos revela que estas instituições financeiras são bem organizadas, rentáveis e estáveis. Além disso, descreve que os bancos islâmicos não só se desenvolveram mais rapidamente do que outros bancos comerciais, como também os ultrapassaram noutro critério. Na Malásia, a banca islâmica aumentou a sua quota no sector bancário para 17,4 % no início de 2009 (Aziz, 2009). O sistema bancário islâmico é equivalente ao sistema bancário convencional na Malásia e é totalmente apoiado pelo governo. Na Malásia, a banca islâmica oferece vários tipos de produtos bancários para captar o mercado e satisfazer as diferentes necessidades dos clientes bancários muçulmanos e não muçulmanos (Bellalah & Masood, 2010). Segundo eles, o produto mais popular dos bancos islâmicos é o financiamento pessoal islâmico em todo o mundo. Este produto presta assistência financeira às pessoas para que possam adquirir os vários produtos de que necessitam. Os bancos islâmicos funcionam com base no princípio islâmico de que não é permitido efetuar qualquer transação que envolva riba. A Sharia islâmica está associada ao lucro do desempenho do capital. Por esta razão, as operações dos bancos islâmicos dependem inteiramente da partilha de riscos, que é feita através de actividades de investimento e de negociação. Haron et al (1994) investigam que os clientes que escolhem os bancos islâmicos não se guiam apenas por obrigações religiosas, mas também pelos preços dos produtos oferecidos pelos bancos islâmicos. Verifica-se igualmente que a fixação dos preços dos produtos bancários pode também influenciar as decisões pessoais sobre a prioridade a dar à utilização dos serviços bancários.

A região do Sul da Ásia tem um enorme potencial para se tornar um mercado emergente para as actividades bancárias e financeiras islâmicas. Cinco países, tais como o Afeganistão, a Índia, o Bangladesh, o Paquistão e as Maldivas, estão repletos da grande população muçulmana da região do Sul da Ásia.

No Bangladesh, os bancos islâmicos iniciaram as suas actividades no início da década de 1980 e o primeiro banco islâmico, denominado "Islami Bank Bangladesh", foi criado em 1983. Com o desenvolvimento da banca islâmica no Bangladesh, vários bancos convencionais estão a oferecer produtos islâmicos através da abertura de balcões islâmicos (Khan & Bhatti, 2008).

A Malásia é considerada o segundo maior centro bancário islâmico. A riqueza do sector bancário islâmico tem vindo a crescer rapidamente nos últimos anos. O governo da Malásia acredita que um sistema financeiro bem organizado é fundamental para promover a poupança que pode levar a grandes investimentos e ao crescimento económico do país (Khan & Bhatti, 2008).

Convicções dos bancos islâmicos

O Islão é uma crença religiosa que os adeptos que abrem a janela do banco defendem. Os seus valores islâmicos desencorajam-nos de qualquer associação associada à riba ou aos juros. Até agora, os muçulmanos necessitavam dos serviços bancários tanto quanto qualquer outra pessoa e para numerosos fins, como o financiamento de uma empresa, a aquisição de uma casa e de outros electrodomésticos, a compra de um automóvel, o aumento de investimentos fáceis e a realização de transacções comerciais. [1]Os muçulmanos não se opõem à obtenção de rendimentos justificados, uma vez que o Islão lhes dá confiança para

[1] Principles of Islamic Banking, 10ª edição da revista Nida'ul Islam, novembro-dezembro de 1995, fonte: msa-usc

utilizarem o dinheiro em operações comerciais lícitas islâmicas e não apenas para manterem os seus fundos inactivos (Nida'ul Islam 1995).

O mundo está a evoluir tão rapidamente que, mais de 1400 anos após o Profeta Maomé (s.a.w.), os muçulmanos estão a descobrir uma oportunidade que estão a utilizar para apoiar as suas crenças religiosas fundamentais. Os factos baseados na rede global de bancos e instituições financeiras islâmicas, finanças pessoais, casas de investimento e outras instituições financeiras islâmicas fornecem a resposta a esta questão com base no princípio do Islão, tal como descrito no Alcorão e na etnia do Profeta (s.a.w.) há 14 séculos. A banca islâmica está a desenvolver-se rapidamente no Médio Oriente

países de Leste e prestou serviços financeiros com eficácia (Khan & Ikram, 1992).

A caraterística mais conhecida do sistema bancário islâmico é o sistema comercial sem juros. O Alcorão proíbe a cobrança de juros ou de riba sobre os empréstimos. Os princípios islâmicos que reforçam a banca e as finanças islâmicas devem ser rigorosamente respeitados. A Sharia baseia-se nos mandamentos citados no Alcorão e nas declarações e ditames do Profeta (s.a.w.). O Alcorão Sagrado diz claramente o que é a riba:

O Alcorão Sagrado afirma no versículo 278 da Surah Al_Baqarah:

"Ó fiéis! areTemei a Deus e renunciai ao que resta da vossa exigência de :...:...; se é que acreditais."

Vários académicos muçulmanos aceitaram que a riba é um montante fixado no pagamento de dinheiro, adiantamentos ou empréstimos. Segundo Siddiqui (1975), a riba é proibida no Islão e conduziria à injustiça, e o Islão não é favorável a todos os tipos de injustiça e apela a um sistema económico.

O crescimento da banca islâmica no Paquistão

Os esforços para eliminar em grande medida os juros começaram algures na década de 1970 e a maior parte das medidas realistas e importantes foram implementadas na década de 1980. Foi uma tentativa extremamente ousada e abrangente do Paquistão de introduzir o sistema bancário sem juros a nível nacional. No Paquistão, a banca islâmica tornou-se operacional em 1980, com o objetivo de renovar a economia e a estrutura financeira do país com base nos princípios islâmicos. De acordo com as instruções do Banco do Estado, todos os bancos convencionais são obrigados a abrir uma janela islâmica para oferecer produtos islâmicos (Khan & Bhatti, 2008). De acordo com estes autores, a banca islâmica no Paquistão enfrenta dois grandes desafios. Em primeiro lugar, a fim de melhorar o sistema bancário islâmico, o governo está a tentar restaurar a confiança decrescente dos clientes através de esforços realistas e leais. Em segundo lugar, os bancos islâmicos têm de provar que os produtos e serviços oferecidos estão efetivamente em conformidade com a Shariah islâmica.

Significado de risco

O risco está associado a qualquer atividade humana, mas é ainda maior quando se trata de decisões financeiras. Podemos tentar minimizar este tipo de risco aplicando as directrizes e estratégias sugeridas. Devemos também tentar manter-nos afastados de actividades que sejam consideradas de risco. Normalmente, não existe uma definição reconhecida de risco. O termo, comummente utilizado no sector bancário e financeiro, pode ser definido de várias formas, sendo que o risco se refere geralmente à experiência de perda (Dorfman, 2007). Moon (2004) afirmou que qualquer incerteza que possa afetar um sistema de forma indeterminada, em que as consequências também são misteriosas mas podem ser toleradas com imensas flutuações no resultado, é designada por risco.

Quando alguém diz que existe um risco, isso deve ser entendido como significando que os resultados desejados estão sujeitos a incerteza. O risco descreve uma situação em que dois ou mais resultados são possíveis (Elgari, 2003). Em termos simples, o risco é a probabilidade de uma perda. A ideia de risco flutua com a intenção de incerteza e de probabilidade. O risco é visto como uma componente da situação em que muitas organizações operam (Tchankova, 2002). Segundo ele, o sector bancário é altamente arriscado devido à divulgação da incerteza e à consideração do risco. O risco é a mistura da probabilidade de um acontecimento e das suas consequências que podem ocorrer no futuro (IRM et al., 2002).

Tipos de riscos

Os riscos no sector bancário podem ser classificados em cinco tipos gerais: Risco de liquidez, risco de crédito, risco de mercado, risco operacional e, por último, risco cambial.

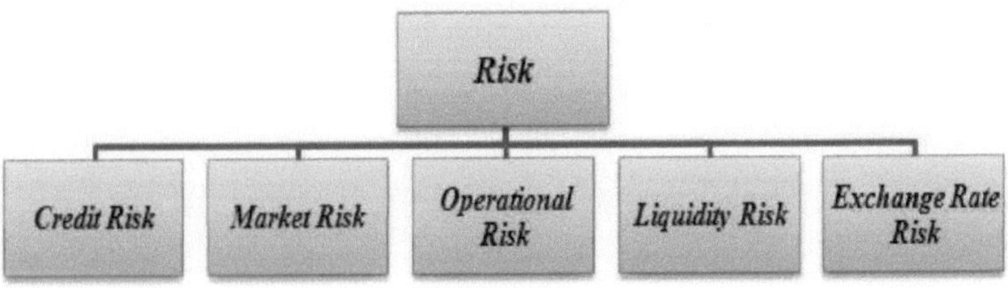

Figura 1

Risco de crédito

Uma perda devida ao incumprimento de um devedor é designada por risco de crédito. A elevada proporção de risco de crédito no sector bancário é considerada como o principal fator na avaliação da taxa de juro dos empréstimos. É também designado por risco de crédito. A probabilidade de um emitente de obrigações entrar em incumprimento ou ser incapaz de reembolsar os juros e o capital é designada por risco de crédito.

De acordo com Wilson et al (2000), a incorporação de registos não financeiros, por exemplo, o histórico de pagamentos dos clientes, na estrutura organizacional pode ser melhorada através de uma gestão de crédito mais eficiente. Mounira (2008) refere que os bancos islâmicos operam com um risco mais elevado do que os bancos convencionais e, por conseguinte, exigem práticas de gestão de risco mais eficientes para gerir esses riscos. O valor do crédito da carteira bancária é considerado o fator de risco mais importante (Barnhill et al., 2002).

O código mais importante do modelo de risco de crédito centra-se em evitar o risco da contraparte (Fatemi e Fooladi, 2006). De acordo com Hassan (2009), a identificação do risco e a avaliação e análise do risco são práticas de gestão do risco que têm um significado significativo.

De acordo com Conford (2000), a probabilidade de o rendimento efetivo de um empréstimo ou investimento se desviar do resultado esperado é designada por risco de crédito. O risco de um cliente não ser capaz de cumprir as suas obrigações relativamente a um investimento ou empréstimo é designado por risco de crédito (Coyle, 2000). Segundo ele, as causas do risco de crédito incluem políticas de crédito inadequadas, taxas de juro impulsivas, leis inapropriadas, um grande número de licenças bancárias, compromissos de crédito inadequados, capacidade institucional insuficiente, empréstimos e avaliação de crédito imprudentes, directores não executivos, negligência na concessão de empréstimos e monitorização inadequada pelo banco central.

Risco de mercado

Se, num determinado período de tempo, puder ocorrer um declínio nos investimentos devido às forças do mercado, isso é conhecido como risco de mercado. É também conhecido como risco sistemático. Risco de mercado ou risco sistemático significa a possibilidade de perda que pode ocorrer em todas as transacções e investimentos e é inerente a todas as transacções no mercado. O coeficiente beta é utilizado para medir o risco sistemático no mercado de acções. O risco de mercado pode ser atenuado através da diversificação dos investimentos e da afetação de activos. A experiência com o risco de mercado pode ocorrer como resultado de situações atractivas e intencionalmente hesitantes do banco ou pode desenvolver-se à medida que o banco começa a criar mercados (Bellalah & Masood, 2010). Além disso, descrevem que o risco decorrente das variações de preços das acções, dos títulos de rendimento fixo, das mercadorias e do preço de uma moeda é designado por risco de mercado. Este tipo de risco também se aplica aos instrumentos derivados.

Risco operacional

A perda incorrida devido a deficiências internas da organização ou a uma avaria nos seus processos e procedimentos é designada por risco operacional. De acordo com Fay (1996), o risco operacional é a incerteza associada às perdas resultantes de sistemas de controlo inadequados e de erros humanos. Qualquer perda que se deva a uma rutura dos processos operacionais da organização e não às condições de mercado é designada por risco operacional. É também considerado como um risco incontrolável para a organização (Jack, 1998). O autor explica ainda que o risco operacional é basicamente a indeterminação da perda no valor contabilístico da organização devido a uma falha do seu sistema de produção. De acordo com Makiyan (2001), o risco operacional pode surgir de várias fontes, tais como

O carácter único do procedimento de execução pelos bancos islâmicos
Carácter imutável dos diferentes produtos bancários islâmicos
Falta de eficácia e de fiabilidade da estrutura da legislação da Sharia para

fazer cumprir os contratos financeiros

De acordo com Hassan (2009), os bancos islâmicos dos Emirados Árabes Unidos e do Brunei Darussalam gerem o risco de crédito e o risco operacional de forma mais rigorosa do que outros tipos de risco. Como observam Chapelle et al. (2008), as práticas activas de gestão do risco podem afetar recursos substanciais de um lado para o outro. O risco operacional numa organização pode ser aumentado através da incorporação de produtos inovadores (Philippas & Siriopoulos, 2009). Allen e Bali (2007) constatam um impacto significativo das características repetidas das empresas incluídas na determinação do risco operacional, embora a forma de gerir o risco operacional seja atribuída à prosperidade dos bancos através da rendibilidade do capital ajustada ao risco (RAROC).

Risco de liquidez

O risco de liquidez refere-se à incapacidade de uma empresa ou de um banco para cumprir as suas obrigações financeiras a curto prazo. Normalmente, isto pode dever-se à incapacidade de uma empresa para converter activos corpóreos em dinheiro sem perder o seu valor. Se a possibilidade de uma perda surgir porque não há dinheiro disponível para satisfazer as necessidades actuais dos mutuários, ou se os activos ilíquidos não forem vendidos imediatamente para satisfazer as necessidades porque o comprador não está disponível, isto é conhecido como risco de liquidez. O risco de liquidez é pragmático, uma vez que afecta a capacidade do banco para equilibrar a vida dos activos e passivos e a falta de liquidez afecta a capacidade do banco para gerir uma carteira diversificada (Bellalah & Masood, 2010). Na banca islâmica, podem ocorrer dois tipos de riscos de liquidez: primeiro, a falta de liquidez no mercado e, segundo, a falta de acesso a fundos. A liquidez é importante para equilibrar as flutuações previsíveis e imprevisíveis do balanço (Iqbal e Mirakhor).

De acordo com o estudo de Siddiqui (2008), o Paquistão é mais responsável em termos de projectos através de patrocínios a longo prazo e também adquire o melhor desempenho no fornecimento de activos e rendimentos que são reconhecidos para garantir a liquidez. O excelente desempenho dos bancos convencionais na reestruturação dos activos e dos rendimentos melhorou a gestão do risco de liquidez em relação aos bancos islâmicos no Paquistão (Akhtar et al., 2011).

Risco de taxa de câmbio.

A incerteza e a experiência inerentes à negociação com duas ou mais moedas que não são permanentemente iguais em valor são reconhecidas como risco cambial e também são referidas como risco de moeda. A probabilidade de o valor de um investimento diminuir devido a alterações no valor de uma moeda no mercado é designada por risco cambial. Bellalah & Masood (2010) descrevem que o risco decorrente de um desfasamento entre o valor dos activos e o valor do capital e dos passivos avaliados numa moeda estrangeira, ou vice-versa, é designado por risco cambial.

Desafios da gestão do risco na banca islâmica

A gestão dos riscos é a tentativa de identificar, analisar, acompanhar e controlar as incertezas ou os riscos. Atualmente, a banca islâmica encontra-se ainda numa fase muito incipiente, enquanto que na banca convencional já está a ser avaliada. Não há dúvida de que o sistema bancário islâmico enfrenta uma série de desafios e problemas. Os bancos islâmicos são afectados pelo dilema constante da escassez de liquidez. Os bancos islâmicos têm uma liquidez 40% superior à dos bancos convencionais devido a uma grave escassez de instrumentos de investimento a longo prazo conformes à Shariah (Hakim, 2002). Os bancos islâmicos detêm 95% do seu capital em instrumentos de curto prazo Murabahah, Musharakah e Ijarah. Em 2002, os quatro principais bancos islâmicos reconheceram o Liquidity Management Centre (LMC) para criar um mercado menos líquido a favor dos fundos de investimento, das obrigações islâmicas, dos títulos do Estado, das acções e de outros investimentos. O sistema bancário islâmico deve observar o aspeto coerente da gestão do risco a favor da adequação dos fundos próprios, tal como sublinhado no Acordo de Basileia II.

A implementação de um quadro de gestão do risco exige uma cooperação estreita entre a direção das instituições bancárias islâmicas e as regras e regulamentos. É da exclusiva responsabilidade da direção adotar e aplicar os princípios da gestão do risco, que devem incluir objectivos e estratégias claros (Bellalah & Masood, 2010). Além disso, os investigadores abordam os poucos desafios que a banca islâmica enfrenta na gestão do risco.

Necessidade de criar instituições de apoio
Necessidade de alcançar a coerência e a sincronização dos princípios da Shariah a nível transfronteiriço
Os custos dos novos sistemas de gestão de riscos
O envolvimento das instituições financeiras islâmicas nos mercados financeiros internacionais
A falta de recursos humanos altamente qualificados

Makiyan (2001) descreve o facto de a banca islâmica ser mais arriscada e menos rentável do que a banca convencional. O autor refere ainda os factores gerais que podem dificultar a gestão do risco no sector bancário islâmico. Estes factores são

Falta de instrumentos de cobertura de riscos
Mercado monetário pouco desenvolvido no país
Disponibilidade insuficiente do prestamista de última instância

Conta de reserva para grandes activos

É também um grande desafio para os bancos islâmicos gerirem o risco associado à expansão de Basileia II no Paquistão.

Os bancos islâmicos enfrentam outro grande desafio quando se trata de melhorar a sua gestão do risco e a governação empresarial. Atualmente, estão expostos a todos os tipos de riscos, especialmente os relacionados com as taxas de juro e a liquidez. Tal como recomendado por Hobson (2006), as questões relacionadas com os sukuk incluem riscos relacionados com o câmbio, as taxas de juro, o crédito e o cumprimento da Shariah. Por esta razão, os bancos islâmicos não podem aplicar práticas e técnicas de gestão do risco como os bancos convencionais, uma vez que estes últimos lidam sobretudo com riba, especulação e jogo, que são proibidos pela Shariah.

O papel da gestão do risco na banca islâmica

De acordo com Wilson (2007), a banca e as finanças islâmicas ganharam rapidamente importância nas últimas décadas, não só nos países muçulmanos, mas também no mundo ocidental. De acordo com Tamimi, A., & Mazrooei, A. (2007), os bancos islâmicos nos Emirados Árabes Unidos aplicam técnicas de gestão do risco para gerir uma variedade de riscos. Este estudo examina os três principais tipos de riscos geridos pelos bancos islâmicos nos Emirados Árabes Unidos, nomeadamente o risco de crédito, o risco cambial e o risco operacional. O estudo revela que os bancos islâmicos nos EAU gerem os riscos de forma eficaz. Observa-se geralmente que os bancos islâmicos não dispõem de técnicas suficientes para reconhecer e gerir os riscos, o que leva os bancos islâmicos a concederem empréstimos a curto prazo em substituição do financiamento a longo prazo (Hassan & Dicle, 2006). Os bancos islâmicos têm uma estrutura diferente dos bancos convencionais, pelo que não enfrentam todos os tipos de riscos que os bancos convencionais enfrentam.

De acordo com Khan e Ahmad (2001), a banca islâmica enfrenta o último tipo de risco causado pelo cumprimento imediato dos regulamentos da Sharia.

De acordo com o estudo de Koziol e Lawrenz (2008), a avaliação do risco de falência dos bancos é o problema mais importante na regulação dos bancos. É também muito importante considerar as decisões de financiamento dos bancos como um procedimento vivo para avaliar o risco de falência. Este estudo também fornece um modelo de tempo contínuo para a escolha da capacidade de depósito para equilibrar os benefícios dos prémios brutos de depósito com os custos futuros de ajustamento da estrutura de capital. É importante que o pessoal dos bancos islâmicos desenvolva uma compreensão da fase de risco nas operações bancárias e do risco inerente às operações bancárias. A compreensão da gestão do risco é também obrigatória nas instituições financeiras onde a gestão do risco é a atividade principal.

De acordo com o estudo do Boston Consulting Group (2001), o único aspeto que define a vitória não é apenas o avanço tecnológico, mas também a capacidade de identificar estrategicamente o risco e de o gerir a nível organizacional. Para desenvolver uma perspetiva de gestão do risco, é necessário mudar a mentalidade e a atitude dos trabalhadores para compreenderem e aplicarem as técnicas de gestão do risco. Para tal, foram necessários programas de formação específicos, estruturas e responsabilidades claramente definidas e o empenhamento dos trabalhadores na mudança.

Pausenberger & Nassauer (2000) descrevem que é particularmente aconselhável que as empresas utilizem métodos de alerta precoce. Um sistema de alerta precoce é um sistema de informação especial que permite à gestão reconhecer os riscos em tempo útil, examinando o crescimento de determinados indicadores (Luck, 1998). O processo de identificação do risco inclui um mecanismo de categorização do risco, em que esta categorização se baseia geralmente no impacto, na gravidade ou nos efeitos do dólar (Barton et al. 2002). O autor descreve ainda que a análise ajuda a categorizar os riscos de acordo com a sua importância e auxilia a gestão no desenvolvimento de uma estratégia de gestão do risco para afetar o capital de forma sensata.

Existem também vários estudos empíricos que descrevem a análise e a avaliação do risco através da orientação, do dimensionamento e da atenuação do risco. De acordo com a descrição de Pausenberger e Nassauer (2000), a extensão da perda potencial deve ser determinada. A soma da perda provável utilizada para a transação e a correspondente probabilidade de ocorrência deste risco devem ser determinadas. A apreciação pragmática de Tamimi, A., e Mazrooei, A. (2007) demonstrou que os bancos dos EAU estão, em certa medida, bem organizados e são competentes na análise e avaliação dos riscos e que existem diferenças notáveis entre os bancos nacionais e internacionais dos EAU que efectuam a análise e avaliação dos riscos.

A monitorização do risco pode ser utilizada para garantir que as práticas de gestão do risco estão a avançar na mesma direção e uma monitorização adequada do risco pode ajudar a gestão do banco a reconhecer imprecisões nas primeiras horas (Tamimi, A., e Mazrooei, A. 2007). Pausenberger e Nassauer (2005) descrevem que a monitorização é considerada a fase final do processo de gestão do risco. Também descrevem que o controlo deve ser conhecido a diferentes níveis da organização. O controlo por parte da gestão de topo não é, por si só, suficiente para garantir o funcionamento eficaz do sistema de monitorização do risco. Pode ser da responsabilidade de todas as partes interessadas monitorizar o risco em cada fase com a ajuda de outros funcionários.

De acordo com Khan e Bhatti (2008), a melhoria das estratégias de gestão do risco e da governação empresarial são os principais desafios que a banca islâmica enfrenta nos últimos tempos. A banca islâmica está exposta a todos os tipos de riscos, a maioria dos quais está relacionada com a liquidez, as taxas de juro e o não reembolso de empréstimos. De acordo com Janabi, A. (2006), os bancos islâmicos enfrentam riscos cambiais e patrimoniais que podem ser prejudiciais para a banca se não forem geridos com instrumentos adequados. O autor fornece igualmente uma orientação para a medição do risco na banca islâmica utilizando carteiras de negociação de acções e de divisas. De todos estes aspectos, é evidente que a banca islâmica no Paquistão necessita de instrumentos e técnicas vigorosos de gestão do risco.

Processo de gestão dos riscos

O processo de gestão do risco descreve as etapas que uma organização pode adotar para implementar práticas de gestão do risco. O processo de gestão do risco trata das várias etapas. Inclui a compreensão, a identificação, a análise, a monitorização e o controlo dos riscos a que os bancos islâmicos estão expostos. O processo de gestão do risco é também definido da mesma forma no relatório anual de 2009 do Mercantile Bank Ltd.

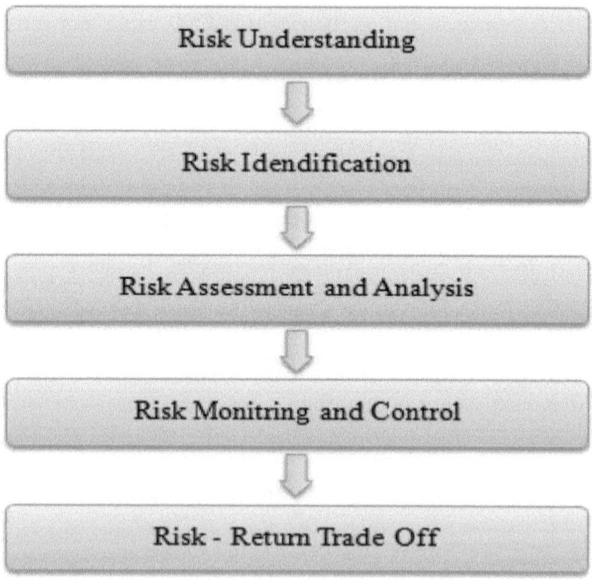

Fig.2

O processo de gestão do risco é útil para identificar os riscos críticos e não críticos para a organização. Desta forma, as organizações, especialmente as organizações financeiras e os bancos, podem analisar o risco específico que existe para a organização. Depois de identificar e analisar o risco, os bancos e outras organizações podem categorizar o seu risco em elevado, médio e baixo, de acordo com o nível de risco. Torna-se então muito fácil decidir qual o risco que requer mais atenção ou que exige acções rápidas de mitigação.

Acordo de Basileia sobre o Capital

Entre 1965 e 1981, oito bancos dos Estados Unidos foram à falência. Esta crise é conhecida como a crise das poupanças e dos empréstimos, que abalou as economias de todo o mundo. Os grandes bancos internacionais cresceram devido às baixas garantias que resultavam do potencial de falência. Para prevenir este tipo de risco, as autoridades superiores de 10 países convocaram uma reunião em Basileia, na Suíça, em 1987. O comité é designado por Comité de Basileia de Supervisão Bancária (BCBS). Este comité elaborou um documento que definiu o montante mínimo de capital que os bancos devem deter. Este capital mínimo é designado por capital baseado no risco.

Adequação dos fundos próprios. Em 1988, o Comité criou o primeiro acordo denominado Acordo de Capital de Basileia 1 e, mais tarde, em 2004, foi criado o Acordo de Capital de Basileia II, que constitui uma conservação do Acordo de Basileia 1.

Acordo de Capital Basileia I

O objetivo de Basileia 1 era, em primeiro lugar, reforçar a estabilidade do sistema bancário a nível internacional e, em segundo lugar, criar um sistema bancário comum e coerente para controlar as disparidades entre os diferentes bancos internacionais. Além disso, Basileia 1 descreveu os dois níveis ou escalões básicos:

O Tier 1 é conhecido como fundos próprios de base e inclui as emissões de acções e os fundos próprios dos bancos. O Tier 2 é o capital suplementar, que diz respeito a outros instrumentos de capital, como a dívida a longo prazo e os ganhos em activos fixos. O principal objetivo de Basileia 1 é avaliar e controlar o capital em relação ao risco de crédito. Embora Basileia 1 seja muito fácil de calcular, é importante para o sector financeiro e bancário avaliar o risco de crédito.

Basileia 1 centra-se mais nos custos e negligencia a consideração do risco e da estabilidade financeira dos bancos.

Acordo de Capital de Basileia II

Em 2004, o CBSB alargou o Acordo de Capital de Basileia 1 e criou algumas novas disposições para o sector bancário. O objetivo é o mesmo: reforçar o sistema bancário internacional. O Acordo de Basileia II centrou-se nos requisitos mínimos de fundos próprios, na análise da supervisão e na disciplina de mercado do sector bancário, normalmente conhecidos como os três pilares de Basileia II. O novo Acordo de Capital de Basileia II ajuda a promover a segurança e a melhorar a plena igualdade das instituições financeiras. Incentiva igualmente o sector financeiro a tornar-se mais sensível ao risco e a melhorar as suas competências em matéria de avaliação do risco (Rowe et al., 2004). O primeiro pilar do Acordo de Basileia II diz respeito principalmente ao risco de crédito, ao risco operacional e ao risco de mercado no sector financeiro. O Pilar 2 abrange todos os outros riscos que não estão incluídos no Pilar 1.

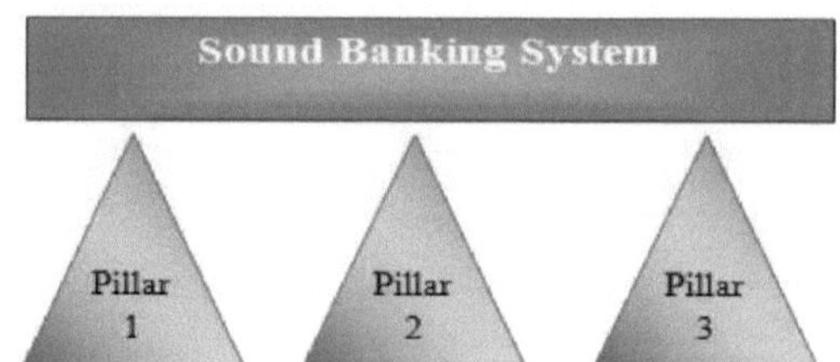

Fig.3

Em 2005, o Banco Estatal do Paquistão decidiu aplicar Basileia II em todo o sector bancário do Paquistão. O Banco do Estado também fornece um roteiro a todos os bancos e instituições financeiras para a correcta aplicação do Acordo de Capital de Basileia II dentro de um prazo específico. O novo acordo de Basileia é também importante para a gestão do risco dos bancos islâmicos do Paquistão, que estão a crescer rapidamente.

A crise do crédito hipotecário foi desencadeada em 2007-2008, o que levou a uma turbulência nos mercados financeiros internacionais. Carvajal et al. (2009) descrevem alguns dos erros que resultaram da crise financeira de 2007-2008.

- Em primeiro lugar, a subestimação da importância sistémica de outras instituições não bancárias
- Em segundo lugar, as autoridades de supervisão não conseguiram controlar os riscos sistémicos acessíveis a partir dos mercados.

Capítulo 3 Metodologia

O capítulo inclui:

Variáveis
Modelo concetual
Hipótese
Abordagem de investigação
População e amostras
Procedimento de recolha de dados
Instrumentos de análise de dados
Analisar a fiabilidade

O objetivo deste estudo é investigar as práticas de gestão do risco na banca islâmica no Paquistão. De acordo com White (2003), a metodologia de investigação desempenha um papel de "fundamento filosófico" da investigação, ou seja, a abordagem utilizada, enquanto os métodos de investigação são técnicas realistas utilizadas para recolher informações sobre a investigação. Explicou ainda que,

> *"Uma investigação focalizada e sistemática que vai além dos conhecimentos habitualmente disponíveis, a fim de obter informações específicas e exaustivas que forneçam uma base para a análise e comentários instrutivos sobre o assunto em investigação".*

Os dados necessários foram recolhidos utilizando métodos de recolha de dados primários e secundários. Os dados secundários fornecem informações sobre os conceitos básicos da banca islâmica e da gestão do risco e identificam vários factores que afectaram as práticas de gestão do risco no passado. O principal objetivo da recolha de dados é determinar o grau de gestão do risco nos bancos islâmicos.

Variáveis

Com base na literatura acima referida, seleccionei as seguintes variáveis para a realização deste estudo específico, a fim de identificar as práticas de gestão do risco adoptadas pelos bancos islâmicos no Paquistão.

Variável dependente

Práticas de Gestão de Riscos (PGR), de facto, na medida descrita na variável dependente, o banco islâmico numa tentativa de mitigar estes riscos.

Variáveis independentes

As variáveis independentes incluem as características mais importantes da gestão do risco, especialmente no sector bancário islâmico. Estas variáveis são:

- Compreensão e gestão do risco (URM)
- Identificação de riscos (RI)
- Avaliação e análise de riscos (RAA)
- Monitorização do risco (RM)
- Análise de risco de crédito (CRA)
-

Modelo Conceptual

Com base nas variáveis acima propostas, é desenvolvido um quadro concetual para descrever a relação otimista entre os diferentes aspectos dos procedimentos e práticas de gestão do risco. Vários estudos teóricos descrevem as numerosas características imperativas do processo de gestão do risco que os bancos devem possuir para poderem gerir o risco (por exemplo, Luck 1998; Barton et al., 2002; Tchankova 2002). Estudos práticos (Al-Tamaimi e Al-Mazrooei, 2007; Iqbal e Mirarkor, 2007) descrevem a relação positiva entre os vários aspectos da gestão do risco. Com base nos estudos acima descritos, o presente estudo identifica e discute diferentes fontes de práticas de gestão do risco.

Fig. 4

Hipótese

Com base no quadro concetual, são desenvolvidas as seguintes hipóteses nulas, a fim de as testar e obter resultados.

H. **1:** Não existe qualquer relação entre a compreensão da gestão do risco e as práticas de gestão do risco.

I. **2:** Não existe correlação entre a identificação do risco e as práticas de gestão do risco.

J. **3:** Não existe uma ligação entre a avaliação e a análise dos riscos e as práticas de gestão dos riscos.

K. *4:* Não existe qualquer ligação entre o controlo dos riscos e as práticas de gestão dos riscos.

L. **5:** Não existe correlação entre a análise do risco de crédito e as práticas de gestão do risco.

Abordagem de investigação

Utilizei o método descritivo para mostrar a relação entre as diferentes variáveis e as práticas de gestão do risco adoptadas pelos bancos islâmicos no Paquistão. Assim, este tipo de investigação ajuda a explicar as circunstâncias, os procedimentos ou os sistemas presentes ou actuais em função da imitação e da reação dos inquiridos à investigação. Além disso, determina a relação entre os diferentes factores das práticas de gestão do risco seguidas pelos bancos islâmicos no Paquistão.

População e amostras

O presente estudo foi inicialmente efectuado no sul do Punjab, no Paquistão. A população-alvo para a realização deste estudo inclui todos os empregados dos bancos islâmicos que operam nesta área. Existem cinco bancos islâmicos no Paquistão que oferecem vários produtos. Um total de 42 sucursais de todos os bancos islâmicos estão a operar no sul do Punjab. Quais são as 25 sucursais seleccionadas com base na disponibilidade em diferentes cidades da área acima mencionada? Para obter as informações necessárias, foi distribuído um total de 130 questionários aos empregados dos bancos islâmicos seleccionados. Os inquiridos devolveram 115 questionários, o que corresponde a uma taxa de resposta de 88%. No entanto, durante o processo de seleção dos questionários, 11 questionários foram excluídos do estudo devido a respostas incompletas e dados em falta. Por este motivo, a dimensão final da amostra é de 104 e a taxa de resposta efectiva é de aproximadamente 80%. A fim de obter informações válidas sobre as práticas de gestão do risco nos bancos islâmicos, foi utilizado um método de amostragem selectiva.

Procedimento de recolha de dados

As formas de recolha de dados são tecnicamente designadas por métodos de investigação. Como já foi referido, foram recolhidos dados primários e secundários para realizar este estudo específico. Os dados secundários foram obtidos a partir de estudos anteriores e da literatura sobre a gestão do risco nos bancos, bem como de vários relatórios de mercado e artigos de negócios. Uma vez que adoptei uma abordagem qualitativa e quantitativa neste estudo, a entrevista informal é a fonte de obtenção de dados primários e o questionário de investigação foi desenvolvido e distribuído. Para o efeito, foram seleccionados 3 a 4 funcionários de alto nível de um banco islâmico em cada agência bancária e os questionários foram-lhes distribuídos.

Apesar do facto de a unidade de amostra selecionada para o presente estudo ser constituída por pessoas que estão bem conscientes das consequências vitais de uma atitude descuidada em relação às respostas da investigação. A este respeito, enfrentei vários obstáculos, tais como respostas incorrectas e inadequadas por parte dos funcionários que até agora se empenharam em fazer com que os participantes preenchessem o questionário. A maioria dos questionários foi distribuída e recolhida por mim, mas alguns foram distribuídos por correio eletrónico pelos inquiridos depois de eu ter obtido a sua autorização para preencher o questionário.

Ferramentas de análise de dados

O instrumento de investigação utilizado neste estudo específico é constituído por três medidas: A análise da literatura, entrevistas informais com os gestores das sucursais de bancos islâmicos seleccionados e várias ferramentas estatísticas são utilizadas para determinar os resultados dos questionários. Em primeiro lugar, é analisada a extensa literatura para obter uma panorâmica introdutória da banca islâmica e da gestão do risco. As entrevistas informais com gestores de bancos islâmicos fornecem informações sobre os diferentes produtos dos bancos islâmicos e ajudam também a compreender os diferentes factores que influenciam a gestão de riscos do banco.

Para responder às questões de investigação e atingir os objectivos gerais do estudo, foi elaborado um questionário de avaliação com base nos estudos de Tamimi, A., & Mazrooei, A. (2007) e, posteriormente, foi utilizada a mesma escala de inquérito de Hassan (2009). O questionário foi igualmente revisto e aprovado pela autoridade de controlo. Contém 39 perguntas fechadas relacionadas com os seis aspectos do estudo, uma pergunta aberta e cinco perguntas demográficas. Depois de os inquiridos devolverem o questionário, este foi introduzido na última versão do SPSS 20 e foram aplicadas as várias ferramentas estatísticas para confirmar ou rejeitar a hipótese deste estudo. A medição da estatística descritiva, da correlação e da regressão fornece informações sobre a relação e a sua importância entre os PGR e outras variáveis independentes.

Analisar a fiabilidade

A fiabilidade é normalmente utilizada pelos investigadores nas suas investigações, tanto em estudos qualitativos como quantitativos, para determinar a exatidão e a estabilidade dos dados. A fiabilidade dos dados é o fator crucial de qualquer investigação na vida profissional prática e a fiabilidade refere-se à consistência dos dados recolhidos para a investigação (Proctor, 2005). O alfa de Cronbach é utilizado para determinar a consistência e a fiabilidade dos dados. O alfa de Cronbach permite ao investigador calcular a consistência de diferentes variáveis. Depende de uma aproximação para descobrir a discrepância no desempenho de diferentes variáveis na qualidade da oportunidade ou do trabalho árduo arbitrário (Stelltiz, et al., 1976). Se o valor do alfa de Cronbach for superior ou igual a 0,70, é considerado uma prova adequada e excelente de consistência. A fórmula normalizada do alfa de Cronbach é a seguinte

$$\alpha = (N.\bar{c})/(\bar{v} + (N-1).\bar{c})$$

Fontes: (Hassan, 2009)

N = Número de posições

C = Covariância média inter-item

V = Variância média

No presente estudo, o alfa de Cronbach foi calculado utilizando o SPSS versão 20 para cada aspeto do estudo. Ou seja, URM, RI, RM, RAA, CRA e RMPs são apresentados no quadro seguinte.

S. No	Risk Measurement Aspects	Cronbach's Alpha
1	Understanding of risk and risk management (URM)	0.860
2	Risk identification (RI)	0.734
3	Risk assessment and analysis (RAA)	0.836
4	Risk monitoring (RM)	0.704
5	Credit risk analysis (CRA)	0.794
6	Risk management practices (RMPs)	0.843

Quadro 1

Análise de fiabilidade

Como já foi referido, o valor 0,7 é considerado uma prova da fiabilidade dos dados. Consequentemente, na Tabela 1, os valores para URM, RI, RAA, RM, CRA e RMP são 0,860, 0,734, 0,836, 0,704, 0,794 e 0,843. Todos estes valores são superiores a 70% e mostram que todos estes aspectos têm uma forte consistência. Os dados são fiáveis e podem ser utilizados para análises posteriores.

Capítulo 4

Análise e discussão dos dados

O capítulo inclui:

Análise estatística descritiva

Análise de correlação

Análise de regressão

Teste de hipóteses

Os dados primários foram recolhidos junto dos inquiridos através de um questionário e introduzidos no SPSS versão 20. Foram aplicados testes estatísticos descritivos e inferenciais para obter os resultados pretendidos do estudo. Neste capítulo, apliquei vários testes para obter resultados e interpretá-los. A distribuição de frequências e a análise de percentagens foram utilizadas para obter algumas informações básicas sobre os participantes.

Demographic Variables		Frequency	Percent	Valid Percent
Gender				
Valid	Male	102	98.1	98.1
	Female	2	1.9	1.9
	Total	104	100.0	100.0
Age Group				
Valid	Less 25	7	6.7	6.7
	25 - 34	67	64.4	64.4
	35 - 44	30	28.8	28.8
	Total	104	100.0	100.0
Years of Experience in Islamic Banking				
Valid	Below 2	22	21.2	21.2
	2 - 5	42	40.4	40.4
	6-10	12	11.5	11.5
	11 - 15	28	26.9	26.9
	Total	104	100.0	100.0
Qualification when join Bank				
Valid	Graduate	33	31.7	31.7
	Postgraduate	71	68.3	68.3
	Total	104	100.0	100.0
Training courses Attend				
Valid	Once a month	54	51.9	51.9
	Once in 6 months	36	34.6	34.6
	Once a year	14	13.5	13.5
	Total	104	100.0	100.0

Quadro 2

Distribuição de frequência das características demográficas

A Tabela 2 apresenta algumas características demográficas dos inquiridos que foram seleccionados para participar neste estudo e para a recolha de dados. Os resultados mostram que, dos 104 inquiridos válidos, apenas 2 eram do sexo feminino e os restantes do sexo masculino que responderam ao questionário. Isto corresponde a 98% de participação masculina no estudo. A principal razão para a baixa participação das mulheres é a dimensão da amostra escolhida. É difícil para mim obter informações relativas dos executivos dos bancos islâmicos seleccionados. A maioria dos cargos de topo é ocupada por homens. Esta é a razão da resposta acima.

O quadro 2 mostra igualmente que 64,4% dos inquiridos se situam na faixa etária dos 25 aos 34 anos e 28% na faixa etária dos 35 aos 44 anos. Apenas 6,7% pertencem ao grupo etário inferior a 25 anos. Isto significa que a maioria das pessoas que trabalham em bancos islâmicos é jovem e enérgica. 40,4% dos empregados têm 2-5 anos de experiência na banca islâmica, enquanto 26,9% têm 11-15 anos de experiência na banca islâmica. Outros 21% têm mais de 2 anos de experiência. 11% têm uma experiência de 6-10 anos. A partir destes resultados, pode concluir-se que um total de 37,4% dos empregados têm mais de 6 anos de experiência na banca islâmica. Dos 104 inquiridos, 71 têm um curso superior e apenas 33 têm um diploma universitário. 68% dos inquiridos são altamente qualificados quando entram no sector bancário. Quase 52% dos inquiridos afirmaram que frequentam vários cursos de formação uma vez por mês. E 34% afirmaram que frequentam uma ação de formação de 6 em 6 meses.

Resumo:

Com base em toda a discussão acima, concluo que a maioria dos homens ocupa posições de topo nos bancos islâmicos; os resultados mostram 98%. Todos estes funcionários pertencem à faixa etária jovem e têm muita experiência no sector bancário; os resultados mostram que 37,4% dos funcionários têm mais de 6 anos de experiência bancária. Destes, 68% são licenciados e altamente qualificados, a maioria dos quais frequenta acções de formação uma vez por mês ou de 6 em 6 meses. Estes resultados mostram que homens altamente qualificados, jovens e enérgicos, com experiência adequada no sector bancário, trabalham para o crescimento da empresa.

A banca islâmica no Paquistão. Este facto desempenha um papel muito importante no rápido crescimento da banca islâmica no Paquistão.

Estatísticas descritivasAvaliação

Compreensão da gestão dos riscos

Descriptive Statistics			
Questions	N	Mean	Std. Deviation
1. There is a common understanding of risk and risk management across Islamic bank	104	3.779	1.096
2. Responsibility for managing risk is clearly set out and understood throughout the bank	104	4.000	.965
3. Managing risk is important to the performance and success of the Islamic bank	104	4.135	.946
4. It is vital to apply the most sophisticated techniques in risk management	104	4.164	.802
5. The objective of Islamic bank is to expand the applications of the advanced risk management technique	104	3.971	.781
6. It is important for your Islamic bank to emphasize on continuous review and evaluation of the techniques used in risk management	104	4.009	.950
7. Application of appropriate risk management techniques reduce costs or expected losses	104	3.990	.814
Average		**4.083**	

Table 3

Resultados dos inquiridos sobre questões URM

Tudo o que impede a realização de determinados objectivos é designado por risco. Pode dever-se a factores internos ou externos. O risco é considerado insuficiente se alguém estiver 100% convencido da sua conclusão. Os bancos são confrontados com uma série de factores de risco. O risco e o retorno estão diretamente relacionados, o que faz da gestão do risco a tarefa mais importante de qualquer banco. O questionário incluía 07 perguntas para captar a compreensão dos inquiridos sobre a gestão do risco nos bancos islâmicos. De acordo com os resultados, a pontuação média calculada é de 4,083, o que indica uma compreensão média da gestão do risco nos bancos islâmicos. Além disso, o quadro acima mostra que a pontuação média mais baixa foi obtida na pergunta n.º 01, o que revela claramente que a compreensão do risco e da gestão do risco nos bancos islâmicos não é suficiente.

A pergunta n.º 04 obteve a pontuação média mais elevada de 4,164, o que mostra que o banco ou os inquiridos consideram a importância de técnicas sofisticadas na gestão do risco. As perguntas n.º 2 e n.º 3 têm quase a mesma pontuação, o que mostra que a gestão do risco deve ser claramente definida em todo o banco islâmico e que tem um impacto otimista no desempenho do banco islâmico. A pergunta n.º 6 tem também uma pontuação média de 4 e sublinha a utilização e avaliação contínuas das técnicas de gestão do risco no banco. Os resultados sobre a compreensão da gestão do risco são semelhantes aos encontrados por Tamimi, A., e Mazrooei, A. (2007) no seu estudo e também consistentes com o estudo de Hassan, A. (2009).

Identificação dos riscos:

Descriptive Statistics			
Questions	N	Mean	Std. Deviation
1. The Islamic bank carries out a comprehensive and systematic identification of its risk relation to each of its declared objectives	104	4.058	1.104
2. The Islamic bank finds it difficult to make preference its main risk	104	3.913	.976
3. Changed in risk are recognized and identifies with the Islamic rules and responsibilities	104	3.875	.746
4. The Islamic bank is aware of the strengths and weaknesses of the risk management systems of the other banks	104	3.856	.729
5. Islamic bank has developed and applied procedures for the systematic identification of investment opportunities	104	4.221	.924
Average		3.984	

Table 4

Resultados dos inquiridos sobre as perguntas do RI

Uma vez que os bancos enfrentam uma série de factores de risco, a identificação desses riscos é necessária para os gerir e atingir os objectivos pretendidos. As sete perguntas enumeradas no quadro acima têm uma pontuação média de 3,984, o que indica claramente que os bancos islâmicos no Paquistão reconhecem moderadamente os riscos associados à realização dos seus objectivos. Além disso, o conhecimento dos bancos islâmicos sobre os pontos fortes e fracos da gestão de riscos de outros bancos não é suficiente, uma vez que esta questão obteve a pontuação média mais baixa, 3,856. No entanto, os bancos islâmicos melhoraram e aplicam as medidas para classificar eficazmente as ocasiões de investimento, como mostra a pergunta número 5, que obteve a pontuação média mais elevada de 4,221. Estudos efectuados por Tamimi, A., e Mazrooei, A. (2007) e

Hassan, A. (2009) também descreveram as práticas de identificação de riscos moderados utilizadas pelos bancos islâmicos.

Avaliação e análise de riscos

Descriptive Statistics			
Questions	N	Mean	Std. Deviation
1. Islamic bank assesses the likelihood of occurring risk	104	4.048	1.074
2. Islamic bank risk is assessed by using quantitative analysis methods	104	3.885	.792
3. Islamic bank risk is assessed by using qualitative analysis methods	104	4.110	.948
4. Your bank analysis and evaluates the opportunities that it has to achieve objectives	104	3.971	.703
5. Your bank response to analyze risk includes assessment of the costs and benefits of addressing risk	104	4.115	.874
6. Your bank response to analyze risk includes prioritizing of risk and selecting those that need active management	104	3.913	.684
7. Your bank response to analyze risk includes prioritizing risk treatments where there are resource constraints on risk treatment implementation	104	4.086	.837
Average		4.024	

Table 5

Resultados dos inquiridos às perguntas da RAA

A média das respostas às sete questões relativas à avaliação e análise de riscos enumeradas no quadro supra é de 4,024, o que indica a menor eficiência dos bancos islâmicos na avaliação e análise de riscos. Os bancos islâmicos identificam ou avaliam os riscos utilizando métodos de análise qualitativa, uma vez que esta questão recebeu a pontuação média mais elevada de 4,11, o que significa que os bancos islâmicos utilizam principalmente métodos de análise qualitativa para avaliar e analisar os riscos. A pontuação média de 3,885 mostra que apenas uma pequena quantidade de métodos quantitativos é utilizada para avaliar os riscos. Os resultados deste estudo revelam o mesmo comportamento que os estudos de Tamimi, A., e Mazrooei, A. (2007) e Hassan, A. (2009). Conclui-se que a análise de risco é apenas moderadamente praticada na banca islâmica, o que deve ser melhorado.

Controlo dos riscos

Descriptive Statistics			
Questions	**N**	**Mean**	**Std. Deviation**
1. Monitoring the effectiveness of risk management is an integral part of routine management reporting	104	4.192	.859
2. Level of control by the Islamic bank is appropriate for the risk that is faces	104	4.058	.774
3. Reporting and communication processes within your Islamic bank support the effective management of risk	104	4.125	.719
4. The Islamic bank response to risk includes an evaluation of the effectiveness of the existing controls and risk management process	104	4.163	.726
5. The Islamic bank response to risk includes action plans in implementing decisions about identified risk	104	4.000	.724
Average		**4.078**	

Table 6

Resultados dos inquiridos sobre questões de RM

O processo de controlo do risco é essencial para garantir que as práticas de gestão do risco são harmonizadas conforme necessário. Uma monitorização eficiente do risco também permite que o banco reconheça os erros numa fase inicial. A pontuação média das cinco questões relativas ao controlo do risco é de 4,078, como se pode ver na Tabela 6. Isto mostra que a eficiência dos bancos islâmicos na monitorização do risco é razoável e requer mais atenção. Não há grande diferença entre as pontuações médias de todas as perguntas acima referidas, o que descreve a resposta positiva dos inquiridos. No entanto, a pergunta número 1, com a pontuação média mais elevada de 4,192, mostra que a monitorização deve ser parte integrante da prática de gestão de rotina.

Análise do risco de crédito

Descriptive Statistics			
Questions	N	Mean	Std. Deviation
1. Islamic bank undertakes a credit worthiness analysis before transaction	104	4.019	.870
2. Before granting capital your Islamic bank undertakes specific analysis including the Mudarib's (entrepreneur) character, capacity, collateral capital and conditions	104	4.096	.853
3. Islamic banks borrowers are classified according to risk factors (risk rating)	104	4.019	.737
4. It is essential to require sufficient collateral from small borrowers	104	4.115	.687
5. Islamic banks policy requires collateral for granting capital or making transaction	104	4.336	.601
6. It is preferable to require collateral against some capital and not all of it	104	4.067	.791
7. The level of credit granted to defaulted clients must be reduced	104	4.17	.716
Average		4.165	

Quadro 7

Resultados dos inquiridos às perguntas das agências de notação

O risco de crédito é a categoria de risco mais importante na estrutura da banca islâmica e a análise deste risco é da maior importância para gerir os riscos e atingir os objectivos finais. O questionário continha 7 perguntas sobre a análise do risco de crédito e apresentou uma pontuação média de 4,165, o que indica que os bancos islâmicos não são tão eficientes como deveriam ser na análise do risco de crédito. Não há diferenças entre as pontuações médias das perguntas acima mencionadas. A pergunta n.º 5 recebeu a pontuação média mais elevada de 4,336, indicando que os bancos islâmicos exigem garantias para a concessão de capital ou para as transacções efectuadas. Para a pergunta n.º 3, a pontuação média dos inquiridos é de 4,019, o que é ligeiramente inferior às outras perguntas e mostra que a categorização do mutuário de acordo com os factores de risco tem pouca influência.

Práticas de gestão dos riscos

Descriptive Statistics			
Questions	N	Mean	Std. Deviation
1. The Islamic banks executive management regularly reviews the organizations performance in managing its business risk	104	4.115	1.064
2. Your bank highly effective in continuous review/feedback on risk management strategies and performance	104	3.856	.939
3. Your Islamic bank risk management procedures and processes are documented and provide guidance to staff about managing risks	104	4.086	.986
4. Your bank policy encourages training programs in the area of risk management as well as Islamic ethics	104	3.846	.868
5. This Islamic bank emphasizes the recruitment of highly qualified people having Islamic knowledge in risk management	104	3.904	.704
6. Effective risk management is one of the objective of Islamic banks	104	4.183	.809
7. It is too risky to invest in Islamic banks funds in one specific sector of the economy	104	4.106	.944
8. I consider the level of risk management practices of this bank to be excellent	104	3.885	.851
Average		4.085	

Quadro 8

Resultados dos inquiridos sobre as questões do PGR

A variável dependente na gestão do risco é calculada com base nas práticas de gestão do risco e no seu âmbito no banco. A razão mais importante para a implementação de práticas de gestão do risco é evitar desilusões no futuro. A Tabela 8, que apresenta as práticas de gestão do risco, inclui sete perguntas e tem uma pontuação média de 4,085. A pergunta número 6 recebeu a pontuação média mais elevada de 4,183, que descreve que os bancos islâmicos estabelecem objectivos para a utilização eficaz das técnicas de gestão do risco. Enquanto os inquiridos descrevem que o banco não apoia totalmente a formação em gestão do risco, a pergunta n.º 4 apresenta uma pontuação baixa com uma média de 3,846. Estes resultados são também algo semelhantes aos estudos de Tamimi, A., e Mazrooei, A. (2007) e Hassan, A. (2009).

4.1 *Análise de correlação*

Correlação

		URM	RI	RAA	RM	CRA	RMPs
URM	Pearson Correlation	1					
	Sig. (2-tailed)						
	N	104					
RI	Pearson Correlation	.738**	1				
	Sig. (2-tailed)	.000					
	N	104	104				
RAA	Pearson Correlation	.731**	.775**	1			
	Sig. (2-tailed)	.000	.000				
	N	104	104	104			
RM	Pearson Correlation	.411**	.427**	.445**	1		
	Sig. (2-tailed)	.000	.000	.000			
	N	104	104	104	104		
CRA	Pearson Correlation	.737**	.718**	.721**	.297**	1	
	Sig. (2-tailed)	.000	.000	.000	.000		
	N	104	104	104	104	104	
RMPs	Pearson Correlation	.629**	.665**	.585**	.445**	.675**	1
	Sig. (2-tailed)	.000	.000	.000	.000	.000	
	N	104	104	104	104	104	104

**. Correlation is significant at the 0.01 level (2-tailed).

Quadro 9

Análise de correlação

O quadro 9 apresenta a correlação global entre as variáveis independentes e a variável dependente. A análise de correlação pessoal é utilizada para testar a relação entre os aspectos individuais da gestão do risco.

Quanto aos resultados da correlação, o Quadro 9 apresenta os resultados significativos da correlação, que simbolizam a relação significativa entre as variáveis. O valor do coeficiente de correlação de URM, RI, RAA, RM e CRA com as PGR é de 0,629, 0,665, 0,585, 0,445 e 0,675, respetivamente. O nível de significância para todos estes aspectos da gestão do risco é de 0,000, o que mostra que estas variáveis estão significativamente relacionadas com as práticas de gestão do risco.

A Tabela 9 mostra que os valores do coeficiente de correlação são positivos, o que indica uma relação positiva entre as variáveis dependentes e independentes. Os coeficientes de correlação de todas as variáveis têm valores entre 0,3 e 0,7, o que indica uma relação moderada com os PGR. No entanto, os valores do coeficiente de RM e RAA são comparativamente mais baixos do que os das outras variáveis, indicando apenas uma força moderada da relação.

Resumo

Pode verificar-se que URM, RI, RAA, RM e CRA apresentam uma correlação significativa com os PGR. A direção da relação é positiva e a força é moderada. Pode concluir-se que as práticas de gestão do risco têm uma relação moderadamente positiva com todos os aspectos da gestão do risco abordados no presente estudo.

Análise de regressão

O modelo OLS (ordinary least square) é utilizado para analisar a informação e determinar os resultados do estudo. Um modelo semelhante já foi utilizado por Hassan, A. (2009) para efetuar um estudo deste tipo no Brunei Darussalam. Para o efeito, é realizada uma análise de regressão múltipla utilizando o SPSS versão 20 para determinar os resultados. Para o efeito, o investigador desenvolve uma equação de regressão ou um modelo de regressão para a hipótese de teste. Este modelo de regressão é adequado para determinar a associação de uma variável dependente com todas as variáveis informativas do estudo.

Este modelo é utilizado para testar a hipótese de investigação. Também mostra se existe ou não uma relação linear entre os PMR e os outros 5 factores de previsão. A multicolinearidade coloca um problema para determinar os resultados significativos do estudo. Para descobrir a multicolinearidade entre os factores de previsão, é aplicado o teste de Durbin-Watson, que é explicado em

$$RMPs = f\,(URM, RI, RAA, RM, CRA)$$

pormenor na discussão dos Quadros 11 e 12.

Resumo do modelo [b]

a. Preditores: (constante), CRA, RM, RI, LJRM, RAA
b. Variável dependente: PMR

Quadro 10

O quadro 10 apresenta os resultados da análise de regressão, incluindo o

Model	R	R Square	Adjusted R Square	Std. Error of the Estimate	Durbin-Watson
1	.746[a]	.556	.533	3.40376	2.640

resumo do modelo e o coeficiente de regressão. Os dados do quadro 10 mostram a dependência da variável dependente em relação às outras variáveis independentes. O quadro apresenta o valor do R-quadrado de 0,556 e o valor do R-quadrado ajustado de

Estes valores mostram que o modelo se ajusta bem e é aceite para este estudo. O valor do R-quadrado ajustado é utilizado para analisar a dependência da variável dependente em relação a todas as variáveis explicativas. O valor do R-quadrado ajustado é de 0,533, o que indica que 53% da variação da variável dependente se deve às variáveis independentes. Esta percentagem é bastante boa, representando demasiada variabilidade nos PGR devido aos cinco aspectos da gestão do risco. Os resultados mostram a relação entre a variável dependente e as variáveis independentes, bem como a relação positiva e linear entre os PGR e outros factores de previsão.

Coeficientes [a]

Model		Un-standardized Coefficients		Standardized Coefficients	t	Sig.	Co-linearity Statistics	
		B	Std. Error	Beta			Tolerance	VIF
1	(Constant)	-1.256	3.436		-.366	.715		
	URM	.129	.122	.122	1.050	.296	.337	2.964
	RI	.394	.190	.250	2.075	.041	.313	3.194
	RAA	-.089	.142	-.076	-.632	.529	.311	3.215
	RM	.392	.149	.203	2.638	.010	.764	1.310
	CRA	.564	.158	.400	3.560	.001	.359	2.788

a. Variável dependente: PGR

Quadro 11

Coeficiente de regressão

O Quadro 11 apresenta os valores do coeficiente de regressão e o nível de significância das variáveis independentes em relação à variável dependente. Os resultados acima mostram que os valores de significância de URM e RAA são 0,296 e 0,529, respetivamente. Este nível de significância é superior a 0,05, pelo que se conclui que a URM e a RAA não têm uma relação significativa com as PMR. As outras variáveis têm valores de significância inferiores a 0,05, o que mostra a significância da relação.

O coeficiente beta não normalizado mostra a influência percentual da variável independente na variável dependente. No Quadro 11, o beta das variáveis significativas descreve que uma alteração de 1 % na variável independente conduz a alterações na variável dependente. O valor beta para URM é 0,129; RI é 0,392; RAA é - 0,089; RM é 0,392 e CRA é 0,564. Todas as variáveis têm um valor positivo, exceto RAA, que tem um valor negativo, e também o nível de significância é 0,529, o que significa que a relação não é significativa.

Resumo

Na discussão anterior, verificou-se que o IR, o RM e o CRA têm um impacto significativo na variável dependente e os valores dos coeficientes não normalizados também mostram a forte dependência da variável dependente em relação a estas três variáveis. O RI, o RM e o CRA são as variáveis indispensáveis mais importantes para as práticas de gestão do risco (PGR) e têm uma influência significativa sobre elas.

Diagnóstico da aridade da co-linha [a]

Model	Dimension	Eigen value	Condition Index	Variance Proportions					
				(Constant)	URM	RI	RAA	RM	CRA
1	1	5.955	1.000	.00	.00	.00	.00	.00	.00
	2	.020	17.434	.16	.09	.04	.02	.18	.00
	3	.009	25.570	.30	.01	.01	.01	.60	.12
	4	.007	28.887	.00	.75	.26	.16	.01	.00
	5	.005	33.894	.01	.00	.65	.72	.00	.00
	6	.004	40.301	.53	.16	.03	.09	.21	.87

a. Variável dependente: PGR

Quadro 12

Análise da linearidade do cso múltiplo

A multilinearidade é um fenómeno estatístico em que duas ou mais variáveis independentes estão altamente relacionadas ou correlacionadas. Este facto pode fazer com que a resposta ou os dados e os resultados se alterem de forma irregular. Sempre que o modelo OLS é utilizado para testar a co-linearidade múltipla, isto conduz a uma grande

Alteração do resultado. Para evitar este tipo de erro, é necessário determinar a linearidade multi-co antes de se dispor dos resultados finais. Para o efeito, antes de aplicar a análise de regressão múltipla, utilizei o teste de Durbin-Watson para determinar a interdependência dos factores de previsão. A Tabela 11 mostra o valor da tolerância e o VIF (fator de inflação da variância) para todas as variáveis independentes.

De acordo com Hair et al. (1998) e Neter et al. (1990), presume-se que um valor de tolerância baixo e um valor VIF elevado (acima de 10) indicam um elevado grau de multilinearidade. Isto indica que todas as variáveis representam uma única variável. Se o valor VIF for inferior a 10, isso indica a significância das variáveis. Na tabela, há 11 valores VIF para todas as variáveis: 2,96, 3,19, 3,21, 1,31 e 2,78 para URM, RI, RAA, RM e CRA, respetivamente. Todos os valores são muito inferiores a 10, o que demonstra a importância dos resultados. Isto também mostra que não há dilema de linearidade multi-co nos dados. Os valores de tolerância e VIF estão dentro do intervalo aceitável de baixa klinearidade.

Além disso, a Tabela 12 apresenta os resultados do diagnóstico de co-linearidade, no qual o teste do índice de condição é utilizado para determinar o grau de dependência das variáveis independentes. De acordo com Belsey et al. (2004), as variáveis são moderadamente dependentes se o valor do índice de condição estiver entre 10 e 60. Menos de 10 indica uma fraca dependência e mais de 60 indica uma forte dependência da variável. Os valores do índice de estado na Tabela 12 mostram os valores dentro do intervalo prescrito. Isto significa que as nossas variáveis latentes são moderadamente interdependentes.

Resumo

Do que precede resulta claramente que a multicolinearidade pode afetar os resultados do estudo. Durbin-Watson é a abordagem correcta para testar a multicolinearidade com o SPSS. No presente estudo, ficou claramente provado que não existe o dilema da multicolinearidade nos dados. As variáveis independentes estão moderadamente correlacionadas entre si e não têm um impacto grave nos resultados do estudo. Os resultados do estudo são exactos e significativos.

4.4 *Testar as hipóteses*

No início do estudo, são apresentadas cinco hipóteses para serem testadas. Aqui é discutido, em nome dos resultados, se as hipóteses são aceites ou rejeitadas.

H. 1; Por conseguinte, não existe qualquer relação entre a compreensão da gestão do risco e as práticas de gestão do risco. Na Tabela 9, o coeficiente de correlação de Pearson entre o URM e as PGR é de 0,629, o que significa que existe uma relação significativa entre a compreensão da gestão do risco e as práticas de gestão do risco. A força da relação é moderada. Com base nestes resultados, rejeita-se a hipótese H.1, uma vez que existe uma relação moderada, significativa e positiva entre o URM e as PGR.

H.2; Por conseguinte, não existe qualquer relação entre a identificação do risco e as práticas de gestão do risco. A Tabela 9 da correlação descreve o valor do coeficiente entre o IR e as PGR é de 0,665 e o nível de significância é de 0,000, o que mostra a existência de uma relação significativa entre as duas variáveis. Assim, a H. 2 é também rejeitada, uma vez que existe uma relação positiva moderada entre estas duas variáveis.

H. 3: A H. 3 também é rejeitada, ou seja, não existe relação entre a avaliação e análise de riscos e as práticas de gestão de riscos. O coeficiente de correlação de 0,585 com um nível de significância de 0,000 é prova suficiente da existência de uma relação entre as variáveis.

H.4: Tal como acima, a H.4 também é rejeitada, uma vez que existe uma relação entre a monitorização do risco e as práticas de gestão do risco. O coeficiente de correlação é de 0,445 e o nível de significância é de 0,000, pelo que rejeitamos a hipótese nula de que não existe qualquer relação entre estas duas variáveis.

H. 5: O coeficiente de correlação entre a análise do risco de crédito e as práticas de gestão do risco é de 0,675 e mostra também na tabela n.º 9 que a relação é significativa. Por esta razão, a H.5 é rejeitada, o que significa que não existe relação entre estas duas variáveis.

Resumo

A tabela de correlação n.º 9 descreve que todas as variáveis independentes (URM, RI, RAA, RM e CRA) estão significativamente relacionadas com a variável dependente PGR. Os valores do coeficiente também descrevem que as variáveis independentes estão positivamente relacionadas com os PGRs.

Além disso, o valor n.º 10 do R-quadrado ajustado no quadro mostra que 53% da variância total da variável dependente é atribuível a todas as variáveis independentes seleccionadas acima e que existe uma relação significativa com a variável dependente.

Com base nos resultados acima referidos, H1, H2, H3, H4 e H5 são decisivamente rejeitadas e as alternativas são aceites, o que significa que existe uma relação entre as variáveis explicativas e a variável dependente.

Capítulo 5

Conclusões e recomendações

O capítulo inclui:

Conclusão

Recomendações

Conclusões e recomendações:

Conclusão

Com a crescente globalização do sector financeiro, é provável que os riscos associados à banca islâmica num país afectem os mercados de outros países. O objetivo deste estudo é analisar as práticas de gestão do risco adoptadas pelos bancos islâmicos no Paquistão. Para o efeito, foi elaborado e distribuído um questionário aos empregados dos bancos islâmicos. Foram desenvolvidas e testadas cinco hipóteses utilizando vários métodos estatísticos. No Quadro 1, o alfa de Cronbach mostra que os valores são superiores a 0,7, o que significa que os dados são altamente fiáveis.

Os resultados da tabela de correlação n.º 9 mostram a relação positiva entre todas as variáveis explicativas seleccionadas e a variável dependente. Os valores do coeficiente de correlação são também altamente significativos a 0,000 e mostram a ligação entre os dados e os resultados. Foi aplicado e testado um modelo de regressão múltipla, que é apresentado no Quadro 10. O valor do R-quadrado ajustado mostra que 53% da variabilidade da variável dependente é atribuível às variáveis independentes. Todos os resultados são positivos e fornecem provas suficientes para rejeitar a hipótese nula e aceitar a alternativa que descreve a relação entre as variáveis. O teste de Durban-Watson também é utilizado para examinar a linearidade múltipla entre as variáveis independentes, mas os resultados mostram que não há dilema de linearidade múltipla. Todos os valores VIF são inferiores ao intervalo de aceitação.

O Quadro 11 mostra que o coeficiente de regressão para a compreensão da gestão do risco e para a avaliação e análise do risco não é significativo. Isto significa que estas duas variáveis têm pouca influência nas práticas de gestão do risco. Embora o valor da identificação e monitorização do risco descreva um valor quase igual de 0,39, são importantes para os bancos islâmicos. O valor da análise do risco de crédito de 0,56 apresenta o valor mais elevado de beta com um valor de significância de 0,001, o que significa que a análise do risco de crédito é a variável mais importante e deve ser objeto de uma atenção especial por parte do pessoal do banco para uma gestão eficaz do risco.

Com base em todas as provas empíricas, concluo que as práticas de gestão do risco adoptadas pela banca islâmica no Paquistão dependem das cinco características de gestão do risco mencionadas. E as práticas de gestão do risco (PGR) estão relacionadas com URM, RI, RAA, RM e CRA, sendo o CRA a variável mais importante que afecta a banca islâmica no Paquistão.

O inquérito informal aos gestores dos bancos islâmicos no Paquistão revelou que a banca islâmica no Paquistão se confronta principalmente com o risco de crédito, o risco cambial e o risco de mercado. O risco de crédito é a principal prioridade e o risco mais importante para os bancos islâmicos. Os resultados também mostram que os bancos islâmicos no Paquistão são moderadamente bons na gestão do risco de crédito. São necessárias técnicas mais avançadas e abordagens normalizadas para gerir e controlar o risco de crédito. É necessário desenvolver um estudo de risco para o sector bancário e realizar inquéritos regulares para avaliar e controlar o risco de crédito.

Além disso, as conclusões do presente estudo são coerentes com as conclusões de estudos anteriores e também com a literatura empírica e teórica que explica a relação entre os diferentes aspectos do risco e as práticas de gestão do risco. Os resultados mostram que os bancos islâmicos no Paquistão estão a praticar a gestão do risco, mas a sua eficácia não é tão elevada como deveria ser no contexto da globalização. Esta pode ser melhorada através da utilização de diferentes técnicas e estratégias de gestão do risco. A banca islâmica no Paquistão também está a sofrer o impacto do quadro de adequação de capital de Basileia 2.

Recomendações

Com base em todas as conclusões do estudo, apresento algumas recomendações que podem ser úteis para o crescimento otimista da banca islâmica no Paquistão:

- Os bancos islâmicos no Paquistão devem adotar as abordagens avançadas e normalizadas de gestão do risco no mundo atual.
- A tónica é colocada na identificação e avaliação dos riscos, porque se o risco não for identificado e avaliado com exatidão, não pode ser gerido conforme necessário.
- Devem ser organizados cursos de formação regulares para garantir que os trabalhadores tenham uma compreensão adequada dos riscos e das técnicas modernas de gestão dos riscos.
- Os bancos islâmicos devem efetuar uma análise do balanço e um estudo de risco para analisar o risco potencial de mercado e de liquidez a que os bancos islâmicos podem estar expostos.
- A gestão de topo dos bancos islâmicos deve realizar uma inspeção por funcionários e peritos da Shariah para analisar e monitorizar as práticas de gestão de risco na banca islâmica.
- Recomenda-se igualmente que os bancos islâmicos estejam à altura do desafio do Acordo de Basileia sobre o Capital 2 e tirem partido da gestão do risco num mercado sedento de sangue.

Referências:

Abdus, S. (2004). Bahrain's commercial banking performance between 1994 and 2001. Credit & Finance Management Review. Disponível em: http://www.findarticles.eom/p/articles/mi_qa3857/is_200401/ai_n13 45 4903

Ahmad, A., Rehman, K., Saif, M. I., & Safwan, M.N. (2010). An empirical investigation of Islamic banking in Pakistan based on perception of service quality (Uma investigação empírica da banca islâmica no Paquistão com base na perceção da qualidade do serviço). *African Journal ofBusincss Management*, 4 (6), 1185-1193.

Ahmed, N., Akhtar, M. F., & Usman, M. (2011). Risk management practices and Islamic banks: An empirical investigation from Pakistan. *Interdisciplinary Journal ofResearch in Business,* 1 (6), 500-57.

Alam, M. (2006). *Islamic finance: on the rise.* Oman Economic Review, 21 de junho, p. 8.

Al-Tamimi, H. (2002). Risk management practices: an empirical analysis of commercial banks in the UAE (Práticas de gestão do risco: uma análise empírica dos bancos comerciais nos EAU). *Finance India,* 16 (3), 1045-57.

Al-Tamimi, H. e Al-Mazrooei M., (2007). Risk management of banks: a comparative study of national and foreign banks in the UAE. *The Journal of Risk Finance,* 8(4), 394-409.

Al-Janabi, M. A. M. (2006). Proactive Risk Management in Emerging and Islamic Financial Markets (Gestão proactiva do risco em mercados financeiros emergentes e islâmicos). Comunicação apresentada na *2ª Conferência Internacional sobre Banca e Finanças (BFIC),* Banca e Finanças Islâmicas, Escola de Gestão, Universidade Americana do Líbano (LAU), Beirute, 23-24 de fevereiro

Al-Jarhi, A.M., & Iqbal, M. (2001). *Islamic Banking: Answers to Some Frequently Asked Questions.* Occasional Paper No. 4, Banco Islâmico de Desenvolvimento, Instituto Islâmico de Investigação e Formação.

Aziz, Z. A. (2009). Discurso do Governador aquando da criação do PT Bank Muamalat Indonesia, da sucursal da Malásia e do First Islamic Investment Bank Ltd. disponível em: www.bnm.gov.my

Barnhill, T. M., Papapanagiotou, J. P., & Schumacher, L. (2002). Measuring Integrated Market and Credit Risk in Bank Portfolios: An Application to a Set of Hypothetical Banks Operating in South Africa. *Financial Markets, Institutions and Instruments,* 11 (5).

Comité de Basileia, (2006). *Convergência Internacional da Medição de Capital e das Normas de Capital*. Comité de Basileia de Supervisão Bancária, junho.

Belallah, M. & Masood, O. (2010). *Islamic Banking and Finance*. Publicado pela World Scientific 2010 pp. 55-59.

Belallah, M. & Masood, O. (2010). *Islamic Banking and Finance*. Publicado pela World Scientific 2010 pp. 75-78.

Belallah, M. & Masood, O. (2010). *Islamic Banking and Finance*. Publicado pela World Scientific 2010 pp. 125-128.

Belallah, M. & Masood, O. (2010). *Islamic Banking and Finance*. Publicado pela World Scientific 2010 pp. 134-137.

Boston Consulting Group, (2001). From Risk Taker to Risk Manager: Ten Principles for Establishing a Comprehensive Risk Management System for Banks.

Casu, B., Girardone, C. e Molyneux, P. (2006). *Introduction to banking*. Harlow: Pearson.

Dorfman, M. S. (2007). *Introdução à Gestão de Riscos e Seguros*, 9ª edição, Englewood Cliffs

Elgari, M. A. (2003). Credit risk in Islamic banking and finance. *Estudos Económicos Islâmicos*, 10(2).

Fay, S. (1996). *The Collapse ofBarings*. Nova Iorque: W.W. Norton.

Fuser, K., Gleiner, W. e Meier, G. (1999). *Gestão de riscos (KonTraG) - experiências da prática*. Der Betrieb, 52(15), 753-758.

Hammerskey, M. (1992). *What is wrong with ethnography?* Methodological explorations. Londres: Routledge.

Hassan, M. K., e Dicle, M. F. (2006). *Basileia II e requisitos de capital para os bancos islâmicos*. Documento de trabalho, Departamento de Economia e Finanças, Universidade de Nova Orleães, Nova Orleães, LA.

Hassan, A. (2009). Risk management practices of Islamic banks in Brunei Darussalam (Práticas de gestão do risco dos bancos islâmicos no Brunei Darussalam). *The Journal ofRiskfinance*, 10(1), 23-37.

Haron, S., Ahmad, N. & Planisek, S.L. (1994). Factors of bank patronage of Muslim and non-Muslim customers. *International Journal of Bank Marketing*, 12(1), 33-40.

Hobson, S. (2006). *Financiamento de projectos - riscos nas estruturas de sukuk*. Islamic

Finance News, 3(44), 15.

Hull, L. (2002). Foreign-Owned Banks: *Implications for New Zealand's Financial Stability*, Discussion Paper Series, DP 2002/05.

Iqbal, M. e Molyneux, P. (2005). *Thirty Years of Islamic Banking:* History, Performance, and Prospects [*Trinta Anos de Banca Islâmica:* História, Desempenho e Perspectivas]. Palgrave Macmillan, Nova Iorque, NY.

Iqbal, Z. e Mirakhor, A. (2007). *Introduction to Islamic finance; theory and practice (Introdução às finanças islâmicas; teoria e prática)*. John Wiley and Sons (Ásia).

Jack, L. K. (1998). Definição de risco operacional. *AEGO Research Quarterly*, 1(2), 37-42

Kamil, S. (2007). Concorrente islâmico do Banco Mundial a abrir em 2008.

Khan e Ikram, M., (1992). *Islamic Banking in Pakistan.* Conferência de Educação Islâmica do Paquistão, Lahore.

Khan, T., e Ahmad, H. (2001). *Risk management: an analysis of the problems in the Islamic finance industry (Gestão do risco: uma análise dos problemas no sector financeiro islâmico)*. IRTI Occasional Paper, Jeddah.

Khan, M. M., e Bhatti, M. I. (2008). Development in Islamic banking: an approach to financial risk allocation. *Journal ofRisk Finance*, 9(1), 40-51.

Khan, M. M. e Bhatti, M. I. (2008). Islamic banking and finance: towards globalisation. *Managerial Finance*, 34(10), 708-725.

Koizol, C., e Lawrenz, J. (2008). What makes a bank risky? Insights from the Optimal Capital Structure of Banks. *Journal of Banking and Finance*, 33, 861873.

Matthews, O. (2005). *Como é que o Ocidente passou a gerir os bancos islâmicos.* Newsweek International Edition, 31 de outubro.

Makiyan, S. N. (2001). Gestão do risco e desafios nos bancos islâmicos. *Journal ofIslamic Economic, Banking and Finance*, pp. 45-54

Meyer, L., (2000). *Por que razão a gestão do risco é importante para as instituições financeiras mundiais.* Risk Management of Financial Institutions United Nations Conference Centre Bangkok, Thailand.

Mounira, B. A. (2008). Gestão do risco e da liquidez num sistema bancário sem juros: O caso dos bancos islâmicos. International *Journal ofBusiness and M anagement*, 3 (9), 80-95.

Obaidullah, M. (2005). *Islamic financial services.* Centro de Investigação para a

Economia Islâmica, Jeddah

Proctor, Tony. (2005). *Fundamentals of Marketing Research.* 4 thedição. Inglaterra. Prentice Hall.

Rowe, D., Jovic, D., e Reeves, R. (2004). Capital management of banks in the light of Basel II, *Journal of Performance Management,* 17(1), 15-25.

Silverman, D. (2005). *Doing Qualitative Research,* 2ª edição. Londres: Sage Publications.

Siddiqui, H. A. (1975). Banking practice and law in Pakistan.

Banco Estatal do Paquistão (2007). *Projeto de orientações de gestão do risco para as instituições bancárias islâmicas,* disponível no sítio Web do Banco Estatal do Paquistão: www.sbp.org.pk/ibd/ 2007/Draft-Risk-Management-Guidelines.pdf

Sultan, S.A.B.M. (2006). An overview of accounting standards for Islamic financial institutions. *Islamic Finance News,* Vol. 3(10), 10-13.

Tett, G. (2006). Os bancos procuram académicos islâmicos que saibam de finanças. Financial Times, 19 de maio.

Wilson, R. (2007). Islamic investment in the United Kingdom (Investimento islâmico no Reino Unido). *Business Islamica,* 1(12), 68-72.

Wilson, N., Summers, B., & Hope, R. (2000). Using payment behaviour data for credit risk modelling. *International Journal of the Economics of Business,* 7 (3), 333-346

Zhang, L. (2006). *Credit Risk Management in Chinese Banking Industry,* disponível em:

http://edissertation.nottingham.ac.uk/archieve/00000375

Índice

MIX
Papier aus verantwortungsvollen Quellen
Paper from responsible sources
FSC® C105338

Printed by Books on Demand GmbH, Norderstedt / Germany